JN411571

나는 어디쯤 와 있을까

손영란 시집

꿈꾸는 소녀

시와 사람

나는 어디쯤 와 있을까

I have a little germ
I never meat to got
him
But now he's here
he means to stay
I guess I'll have to
Let him

나는 어린 싹을 가지고 있어요
전엔 미처 생각치 못한 싹이
이제 그 싹은 내곁에 있고
내 곁에서 머물고 싶대요
소중히 길러주기를
바라는 어린 싹이.

시집을 내면서

풍성한 내 마음의 들에
어느 날 갑자기 어둠이 깔렸다.
그렇게 멈춰 버린 혼돈의 시간.
아픔 많은 그곳에
문학이라는 씨앗 하나 심어 놓았다.
비틀거리면서도 힘겹게 그 씨앗을 가꾸었다.
씨앗에서 싹이 나면서
세월의 물결을 따라갔다.
그 싹에서 꽃대를 밀어 올리더니
하나씩 시라는 꽃을 피워내고 있었다.

내가 쓴 시는
어찌 보면
푸념 섞인 감정 나부랭이다.
그래도 곱게 읽어 주길 바라고 싶다.
부끄럽지만 조심스럽게
시집을 세상에 내놓고 싶다.
2023년 9월
손영란

자화상

손영란

박덕은

물의 심성이 맑은
호수 한가운데서
피어난
파문의 꽃송이

아득한 높이에서
생生을 단련하듯
소낙비 오던 날
용틀임으로
하늘에 오르다

천년의 하늘 수업 받고
지상으로 내려와
나비 날갯짓 배웠다

무지개 색깔 따라
자잘한 새소리
품어 다루다가

신앙과
알록달록 싱싱한 끼 버무려
눈물겨운
믿음의 향 피웠다

한때 천둥번개가
벼락의 등줄기 때려
깊은 골짜기 헤매다

희디흰 달빛 얼굴 철철 넘치는
옹달샘 두레박에 올라탄
시심의 보따리 꺼내
휘영청 시인이 되었다

하루 하루 휘늘어진
시간 속으로 흔들거리며

걷고 또 걸으며

가슴 뛰는 삶의 무늬로
감동 깊은 미의 그릇을
줍다가 빚다가
반짝반짝 닦고 있다

그 순간
온몸에 사르르 번지는
감흥 그 언저리에
눈부신 아우라 펼쳐진다.

가족

나는 어디쯤 와 있을까/ 차례

제1부

제2부

제3부

제4부

분홍빛 미소

제1부

슬픔 메우려 빈 가슴에
꽃 한 송이 꽂으면
피어나는 여러 송이

빛깔로 말하는 꽃

장미가 사랑할 땐
빨강

잔잔한 추억을 말할 땐
빛나는 하양

마음 상할 땐
타오르는 주황

아픈 사랑일 땐
시나브로 져 버리는 검정.

민들레 홑씨처럼

노오란 영광으로 피어
알알이 깃털에 감싸인
씨앗
훈풍 따라
사방으로 내려앉는다

아름다운 시향에 젖어
피어난 꽃들은
훌륭한 지도 교수님의 노고와
시를 품은 제자들의
영원한 보물

시의 씨앗 뿌리는
낭만대통령 박덕은 교수님
늘 건강하시어
함께 시향에 젖어
살아가요.

자아

나에게 있는 것 중
깨끗한 건 눈물

슬픔 메우려 빈 가슴에
꽃 한 송이 꽂으면
피어나는 여러 송이

비로소 영혼에 꽃물 배어
흐르는 향기.

고결한 향기

황혼 머금고 핀
초가 지붕 위 박꽃 같은

소박한 꽃씨 심어
더운 눈물 뿌려 가꾼

하얀 진실
피어날 때까지 함께하는.

장미 1

나를 좋아하세요
피 볼 각오하세요

그래도 좋다면
내 곁으로 오세요

어차피 사랑엔
아픔이 따르니까요.

꽃물에 든 여심

장미 2

황홀함에 발맞춰 가는
꽃의 영혼은 미련이 없다

신비의 자태와 향기
맘껏 발산하고 떠난다

마지막 한 송이 질 땐
필 때보다 더 아름답다.

장미 3

몰래
속삭이다

정열이 들켜 버린
그 순간부터

무지개로
피었어요

알록달록
영롱한 시심처럼.

이국의 장미

아름다운 베르사이유 궁전의
장식된 기쁨처럼
어깨에 돋친 하얀 날개
여인의 향기 품고
유희하며 매혹 발산한다
치명적 사랑의 뮤즈 되어.

속삭임

순애보

동백

툭 통꽃으로 지는
그 의미를 아시나요

오열하며 선혈 떨구는
그 호곡의 사연을 아시나요

끝내 울어 버린
그 가슴의 소리를 아시나요.

토끼풀꽃

쉼터 풀숲에 앉아
네잎클로버 행운 찾다가

아기 손톱만 한 풀꽃과
마주쳐 눈길 튼다

앉아야 보이고
밟히면서 피어나는
안쓰런 꽃

바람이 건들면
그때서야
수줍게 얼굴 내미는 꽃

하늘빛 닮아
저리 청아한 꽃.

갈대

허허로운 벌판에서
바람의 연인으로
서 있다가

위잉 위잉
바람 걷는 소리에
서걱이는
사랑의 멜로디.

해바라기

눈부신
바라기에
수줍음 떨구며

녹색 안에 간직한
노오란
그리움 한 사발.

행운의 빛

상사화

긴 긴 세월
행여 오시려나
불 밝혀 기다립니다
당신의 더딘 발걸음
편히 오시라고
목을 늘어뜨린 그리움으로
먼 발치에 호롱불 달아
드립니다.

가슴밭

눈빛은 다정하고
마음은 온유하게
아름다운 씨앗 뿌리자

상한 영혼에
피어난
이쁜 꽃 가꾸자

오늘 하루도
가장 고운
향기 뿜어내자.

고혹

홍매

오랜 시간을 견디어
설레임으로 피어난

강한 듯
여린 숨결

그대 차가운 가슴에 안겨
속삭입니다

멀리서도
나를 알아 보는
기다림이 있기에

찾아왔노라고
빨간 그리움으로.

코스모스

까마득히
외우는
소녀의 그리움

사랑 수놓아
초원에
가득찬 미소

가을을 노래하는
보헤미안 같은
안타까움.

평화

나목의 꿈

어차피
잃어 버릴 낙엽인 것을
긴긴날 가슴에 달아두고
목멨노라
헐벗을 날이 올 줄
뻔히 알면서도
태양 향해 찬가했노라

푸른 꿈 키우던 잎사귀
가을이 물들면 건너지 못할
강물 위에 떠 갔노라

모든 잎사귀들이
꿈을 버린다 해도
차라리 쓸쓸함 이기다
봄을 맞아야 할 내 가슴은
상록수가 아니었노라

시간은 낙엽의 계절을
전신에 뿌리고 갔노라

찬란한 태양의 행렬에
푸른 꿈 안고
삭풍 다가오는 기후 앞에서
꽃잎새 져 버린 마른 눈빛으로
채색된 시간을 보았노라

붉은 화물차가
가슴밭 뭉기고 지날 때
새봄 맞이
찬란한 햇살에 입맞추었노라.

내 가슴속

까만 하늘에
숨어 속삭이는
별들의 마음

알지 못한 채
지나왔습니다

그냥 홀연히 맞는
여명이
참 아름답습니다.

제2부

수줍은 영혼에 날개 달고
님의 창가 맴돌 때
몰래 다가와 키스해 주세요

봄 연가

수줍은 영혼에 날개 달고
님의 창가 맴돌 때

몰래 다가와 키스해 주세요
연약한 날갯짓은
당신을 만나기 위한
침묵의 동반자였어요

비밀의 날개 위
퇴적층으로 쌓인 정
기쁨의 찬가 울릴 때

비로소 알았어요
그리움이 사랑으로 승화하는
순애보의 파장이라는 걸.

수선화의 노래

봄 예찬

4월 언덕에서 보면
모든 게 다 아름다워요

하늘 노래하는 저 새들
흩어졌다 모이는 흰구름

피고 지는 꽃들도
한 편의 서사시 되어요

바람 한 자락 끌어와 소곤소곤
쉿, 그건 비밀이에요.

비가 내리면

진종일
젖어드는
그리움의 무게로
나
여기에 있습니다

늘
홀로인 것에
익숙하려고.

봄비 1

꽃 떨어진 가지에
창 하나 생긴다

거기 구멍난
외로움까지
빗물로 스며든다

바람 날아와
아픈 숨 걷어낸 자리

투명한 그리움
둥글게 채우고 있다.

봄비 2

아침에 내려
진홍빛 꽃잎
적시더니

이밤엔
내 가슴까지
적셔

밤새
영혼의 슬픔
향기로 피운다.

봄

연분홍 바람 타고
꽃놀이 가자

왁자지껄 노니는
벚꽃 아래

잠시 쉬어
꽃침 맞고 가자

향기로 물든 영혼
입맞춤하고 가자.

5월 찬가

푸른 날개 달고 오시는 님
장밋빛 휘감고 마중 갈게요

별빛 없어도 좋아요
꽃구름 두둥실 리듬 맞춰
왈츠 추어요

두 마음 설레일 땐
레드와인도 마시면서.

석양의 쉼터

초여름 단상

싱그러운 초록빛과
소란스런 바람과
여린 감성의 나

섬세한 쇼팽의 연주에
동요하는 여심 속
잔잔한 시간의 흐름

너무나도 좋은
나의 유월은
유난히도 아름답다.

풀벌레

부끄러운 이름 가져
밤에 우는 걸까

수줍은 듯
청아한 소리

가을을 부르며
꿈을 노래하네.

메아리

멀지 않은 하늘에서
호롱불 밝혀 주는

고독한 창가에 불러놓고
침묵의 눈빛으로
크게 안아 보고픈

어두운 밤에만
고요히 만나는
찬란한 별빛.

단풍

내가
기다리는 게
뭔가 했더니
바로 너였구나

그리운 게
뭔가 했더니
바로 너였구나

설레는 가슴으로
찾아 헤매는 게
뭔가 했더니

이미 나에게로 와
가슴 물들이는 한 잎
바로 너였구나.

그리움의 서정

만추

누가 이름 지었을까
또 하나 그리움 배인
허허로운 계절

찬란함 잊은 채
햇빛 등진
저 낙엽의 군상들이
지었을까

침묵의 갈색 언어가
푸른 날의 해후를 위해
지었을까.

만추의 밤

바람 없는 밤
떨어진 나뭇잎이
나와 같이 지는 밤

무수히 떨어져 울다
이젠
내가 밟고 울 낙엽처럼

기다림에 손 짚고
목 늘인 너를 잃는 밤

발자취가
터벅터벅 들리는 밤

너의 안에 떨어져
바라보는 어설픈 상념 속

가슴 저린 그리움이
시리게 짓누르는 밤.

추억의 언덕

계절의 길목에서

입추라고 하네요
성급히 온 가을이
뭐라고 하던가요

특출한 계절이라면
낭만의 언어로
말하겠지요

무지개 뜨지 않아도
황홀한 날들
감성의 나눔이 좋아요.

나의 정원

바람 소리 숨죽인
가을 뜨락에
계절이 교차한다

아마릴리스 꽃봉오리
저리
터뜨릴 준비하고 있다

도대체
무슨 색일까
향기는 어떨까

가슴에 찾아 든 설렘
이 분홍 사연을
누구에게 전할까.

비와 나

세찬 빗줄기 소리에
리듬 타며

아스라한 추억이
빗방울 된다

이렇게 가슴으로 비 받아야 하는
그 까닭이 무엇일까.

산책

햇살 조으는 오후
담뿍 머금은
애수 아래
풀밭 위를 거닌다

거기,
다섯 잎 클로버도 있었다
세 잎은 행복
네 잎은 행운
다섯 잎은 사랑일까.

만추

춘당 매

2월

시간 끝에서
봄 도착 알려 준다

대지의 색깔 바꾸며
열 달 내내 길러 준다

눈 속에서 품은
갈 길 열어 주고
겨울을 보내 준다

피워낸 매화의
그윽한 설렘 안겨 주고
떠난다.

첫눈

밤새
당신의 순결한 침묵이 쌓여

아침에
백합으로 피어났어요

가슴의 창가에도
하얀 향기 풍기네요.

제3부

간밤에 두고 온 그 맘
홀연히 맞아야 하는
아침이 눈물겹습니다

나는 어디쯤 와 있을까

해질녘
당신을 태워 버린
보랏빛 엷은 그 속에서

자꾸만
태어나고 죽어 가는
그림자의 미소

가만히 들여다보면
동공에 박히는
그 얼굴

나를 찾아
당신을 떠나는 길
추억이 저리 쌓이는데.

성녀

하늘 전쟁

구름과 바람의 화합은
순탄한 길 아니나 봐

좋았다가 싫다가 변덕이더니
결국엔 싸우면서 울고 만다

쌍방 분노의 함성은
으르릉 쾅 포효한 짐승

포성 진동으로 하늘 쪼개진 소리
파편 맞을까 공포에 떨며
피란처 헤맨다.

열창

저토록 울어대는
매미의 속울음

난 안다
잘 안다.

fantasy

피안의 꿈

보랏빛으로 움트는 그리움
유달리 부푼 가슴에 안으면

퇴색하지 않은 내 그림자엔
지칠 줄 모르는 영혼이 산다.

간호사

아픈 나무
가꾼다

지쳐 떠는
서글픔

빨갛게
불탄다.

어떤 기도

뜨겁지도 차갑지도
않은 애틋함

고요히
누리게 하소서

알맞게
쓸쓸하게 하시며

고독을 살피는
건강한 시력 주소서.

반송

간밤
눈물어린 편지 써서
너에게로 보냈더니

노래가 되고
시가 되어

그리움으로 녹아
되돌아 왔다.

여백의 정

꿈길 타고
내려와
묻는다

사색에 물든 가슴에
빠져드는
비밀의 굴레

노을 한 자락 끌어
남문에 걸어 놓고
설렘의 부화 알린다.

탐스런 문학회

잊지 않는 약속의 날
오케스트라처럼 갖가지
악기로 하나의 음악이 되듯

다른 성향인 마음들이 모여
한 줄기 강 흐르며 노래한다

어둠 밝게 꽃 피우는
문학 동아리.

기다림

상념

나를 위하여 세운 담
자꾸 높아질 뿐

한 치 두 치 자란 싹
그 그늘에 시들고 만다

꽃도 잎도 소용돌이 여울에
일고 지는 물거품일 뿐

새긴 이름은 바람처럼 지나
정은 마냥 맴돈다.

냉소 머금으며

결코 지울 수 없는
잔물결 같은 회한

불빛 없는 그림자의
간헐적인 모습으로
마비당한 가슴

오가는 사치스런 언어가
귓전에서 방황하는데

짤막한 여정이라고
해묵은 체념이
타협한다.

꿈꾸는 새벽

절규

자꾸만 타일러도
체념 속 분리된 마음

어둠에서 되돌아오는
하나의 외침

해묵은 추억 되어
슬프기만 한데

백지장처럼 모호한
진리 깨닫고
새 숨결 고른다.

망각

서글픈 웃음이 침묵으로 승화해
숙명인 듯 체념해 버린
불연속성의 세월

일렁이는 가슴속 한자리에
성숙된 시간 고여
파문으로 번져 오는데

차마 지울 수 없는 사연
이젠 떨구어야 할 진실
밀어 보낸다.

적막한 밤마다

깊은 꿈속
숨겨둔 고운 사랑
달빛에 띄우렵니다

한시름 숨결은
북풍 파도 넘어
그대 창 흔듭니다

보고파 잠 못 이루다
수줍은 미소 감추며
아늑한 그대 품에
부서져 내립니다.

귀로

절망은
뒤에 두고

몸 낮춰 드러내는
낯선 영혼

또 다른
삶을 애착하며

어둠의 터널을
바꾼다.

희망 노래

너와 나의 꿈
하늘은 저리
푸르고 빛난다

해맑은 저 쉼터에
한숨일랑
던지지 말고

우리
저 하늘 호수를
한껏 품어 버리자.

마음이 느끼는 색

나에게 색이 있다면 무슨 색일까
철저히 뜨거운 빨강도 아니고
타오르는 주황은 더욱 아니야

무언가 흡수하는 검정도 아니고
남에게 안정을 주는 초록도 아니야

모든 걸 되쏘아 반항하는 흰빛
그것도 아닌 것 같아

냉정하게 나를 비판할 때
무지개가 번뜩이며 지나간다
그래, 나의 색은 일곱 가지 다야.

봄처녀

마음 하나

까아만 하늘에
숨어 소근대는
별들의 언어

알지 못한 채
그냥
지나왔습니다

간밤에 두고 온 그 맘
홀연히 맞아야 하는
아침이 눈물겹습니다.

불씨

못 견디게
간절함
알게 하소서

해질녘 창가에 기대앉아
노을빛 삼키는
서글픔 알게 하소서

차라리 불더미 앞에
재가 되어 한 그루 초목을 심게 하소서.

사랑

나의 영혼에
당신을 키우는 기쁨입니다

침묵할 수 없는
노래의 가사로
당신을 부릅니다

멀어질 수도 가까워질 수도 없는
이 엄연한 사랑의
거리 앞에서

황홀히 번졌다 쓰러진
제야의 촛불입니다.

제4부

나의 이야기 중
가장 아름다운 건
당신입니다

흔적

가슴에 세운 담
자꾸 높아갑니다

어제 한 치
오늘 두 치

앞뒷집 지붕조차
보이지 않습니다

별빛 흐느낌이
가슴 밟는 이 밤

하늘이 열려도
답답하기만 합니다.

연민

가슴에 핀 꽃
한 송이 꺾어 들고

노래 가사보다
더 애절한 추억

떠올립니다
나 여기서.

회한 1

내가 네 손 잡고
너는 내 손 잡은 채
아직은 그렇게
더 걸어야 할 길

가는 도중에
안녕이라는
슬프리 만치 무서운 말을
나는 하고야 말았지

아침 햇살 같은 네 얼굴엔
밤 같은 어둠이 깔리고
그 얼굴이 서러운 나
두 눈 꼬옥 감아 버렸지

안녕이라는
마지막 형식도 없이
너는 내게서 등 돌렸나

멀어져 가는
네 발자국엔
서러운 이별이 담기고

나의 손은
여윈 갈대처럼 힘이 없어도
청잣빛 하늘은
여전히 곱기만 하구나.

회한 2

가고 오는 날들이
바람 같아도

그 아픔이 서럽게
엄습할지라도

나의 노래여
사랑의 시여
하늘 쌓는 기도여

꿈길 적시는
심연의 바다가 되어다오.

꿈의 호수

의지

하루를 보내면서
고개 숙이지 않는
아쉬움에 사로잡힌다

왜 좀더
굳세지 못하고
졸렬했던가

왜 껴안지 못했던가
연하게 풍기는
진실을

밤도 쉴 줄 모르는
애증의 발돋움이
한밤을 곧추세운다.

사색

망각에 묻힌 시간 속
파랑새 날아들어
청명한 마음

때론 괜한 바람 불러
흔드는 나의 창

혼자라는 생각에
가슴 저리며 꽃피우는
연약함.

Harmony

밀회

낙엽에 묻은
가을 색깔
음미하며

바람이 데려다 준
그리움 따라
길을 나섭니다

플라타너스
갈색잎 주워
책갈피에 꽂으면

빛바랜 추억 하나
아련한 사랑 위에
살포시 내려앉습니다.

망상

마음
거기 있고

아직
그대로인데

기다린다
기다린다

바람결에
들리는 말도

내미는 손끝에
닿을 듯 말 듯.

공허

가슴비 오락가락
오다 그치기를
반복하는 밤

가슴 안에 있는 나에게
벗어나
숨 고른다

잠시 쉬어 갈 뿐
영원한 건 없는데
왜 삶을 추구할까.

한밤의 연정

나의 이야기 중
가장 아름다운 건
당신입니다

양귀비처럼
화려하지 않고
장미처럼
향기롭지 않는.

베르사이유 장미

상상의 나래

꿈이란 게
색이 있다면

아마
파아란 색일 거다

높고 푸른
가을 하늘처럼

잡힐 듯
가까우면서도

머언 먼
색일 거다.

나의 여정

가야 할 길 아직 멀고
들어야 할 바람 소리 있어
가을 들길 마냥 거닌다

지나온 길에 꿈 뿌려
다음날
깜박 잊을 때가 있다

가끔씩 뒤돌아보면
지나온 발자욱이 어지러워
엷은 입술이 떨리곤 한다

이제 바람이 갈대 끌어안듯
남은 꿈들 갈무리하며
아스라한 이 길 가고 싶다.

바람결

삶의 리듬

거듭해 가는 나날의 과제들
풀다 지쳐 버린 나약함에서
싹 터 밀려오는 낭만

세월이 남긴 메마른 땅에
죄다 시들어 버린 하얀 꿈
한아름 꽃구름 되어
펼쳐진다.

회상 1

지난날의
찬란한 슬픔

지워야 할 이유조차 없이
이젠 아름답다.

회상 2

뽀얗게 무늬진
구름꽃 보면

나는 늘
하연 미소 닮는다

거기엔 첫사랑이
마음 살포시 감싸 준다.

회상 3

슈베르트의 음악을
들으면서
꿈을 마십니다

뽀얗게 무너진
구름꽃들이
물결칠 때

거기엔
성모 마리아의 미소와
아담과 이브의 첫사랑이
피어납니다.

천상

우수

파란 가슴에
꽃 심던 시절 가고

허허로운 발걸음
리듬 깨져 휘청거린다

멀어진 그때
감지할 수 있었던들

스산한 심정 전하지 않아도
나의 슬픔 만끽했을걸.

추억

그 옛날
우리가 속삭이던 밀어

아직도 그렇게
여운이 남아 있습니까

그 시절
우리가 입었던 푸른 날개

아직도 여전히
메아리 치고 있습니까

그때
우리가 함께 부르던 세레나데

아직도 애틋이
빛나고 있습니까.

모정의 향기

평설

손영란 시인의 시집 출간을 축하하며

박덕은

'23
Youngran

평설

손영란 시인의 시집 출간을 축하하며

박 덕 은 (문학박사, 문학평론가)

손영란 시인은 한국의 땅끝 해남에서 아버지 손재원 씨와 어머니 정미연 씨 사이에서 3남 4녀 중 막내로 태어났다.

손영란 시인은 《한맥문학》지에 시 부문 신인문학상 수상으로 문단에 데뷔했으며, 《여울문학》 자유시 최우수상, [문학사랑 신문] 올해의 작가상, 한국의 시 문학협회 문학상, 여울문학 삼행시 대상, 프랑스 파리 시화전 에콜어워드상, 남명문화제 시화문학상 포랜컬쳐상, 대한민국 예술문화 세계 대상을 수상했다.

그녀는 현재 한실문예창작 회원, 탐스런 문학회 회장, 가톨릭미협 청조미협 회원, 세계미술작가교류협회 회원으로 활동하고 있다.

한국예술대전 초대작가이자 대한미협 초대작가인 그녀

가 그린 서양화 한 점이 미국 스탠톤 대학에 소장되어 있다.

평소 다소곳하고 생각이 깊은 소녀 같은 손영란 시인!

이 시인의 시 세계는 어떠할까. 그 시심의 숲길로 들어가 산책해 보자.

까마득히
외우는
소녀의 그리움

사랑 수놓아
초원에
가득찬 미소

가을을 노래하는
보헤미안 같은
안타까움.

–「코스모스」 전문

시적 화자는 코스모스에 대해 새로운 각도로 해석하고 있다. 코스모스는 어떤 의미를 내포하고 있는 것일까. 1연에서의 코스모스는 소녀의 그리움이라고 말한다. 무엇에 대한 그리움인지는 말하고 있지 않다. 다만 까마득히 외우고 있단다. 짝사랑하는 그 누군가에 대한 기다림을 외우고 있는 걸까. 가느다란 몸 어디에 마음을 숨겨 놓을 수 없어 외우고 있는 걸까. 실핏줄이 드러날 만큼 여린 몸이기에 흔들리며 흔들리며 중심을 잃지 않으려고 외우고 있는 걸까. “까마득히/ 외우는”이라는 표현이 참 낭만적이다. 2연에서의 코스모스는 제법 숙녀 티가 난다. 사랑을 수놓는, 사랑을 귀히 여길 줄 아는 그런 성숙함이 느껴진다. 사랑을 알기 시작하면 “초원에/ 가득찬 미소”처럼 행복해진다. 미소는 자신의 내면인 꽃잎에만 피어 있지 않고 밖에서도 알 수 있을 정도로 기쁨으로 수없이 몸을 흔들흔들 움직인다. 아무것도 숨기지 않는 사랑이 얼마나 아름다운가. 3연에서의 코스모스는 중년의 느낌이 난다. 삶의 고단함과 사랑의 열병을 치른 후 자유로움을 만끽하고 싶은 심정이 느껴진다. 하지만 아직 자유롭지 못하다. 자유로움에 대한 갈망을 “가을을 노래하는/ 보헤미안 같은/ 안타까움”이라고 말하고 있다. 우리가 사는 세상으로부터 도망갈 수 없기에 여전히 흔들리며 살아야 한다는 것을 시적 화자는 깨달은 것일까. ‘안타까움’ 속에서 시적 화자의 마음의 중심이 읽혀진다. 짧으면서도 깔끔한 시적 형상화가 돋보인다. 시의 특질이 뭔지 선명히 보여주는 시, 이미지 구현을 통해 섬세한 감성을 느끼게 해주는 시라서 읽는 독자의 눈이 행복하다.

뜨겁지도 차갑지도 않은
애틋함

고요히
누리게 하소서

알맞게
쓸쓸하게 하시며

고독을 살피는
건강한 시력 주소서.
-「어떤 기도」 전문

이 시에서의 시적 화자는 하늘에 기도하고 있다. 어떤 부족함이 느껴질 때 기도를 통해 우리는 그 부족함을 채워달라고 하늘에게 말한다. 시적 화자는 어떤 결핍이 있었던 걸까. "뜨겁지도 차갑지도 않은/ 애틋함"을 달라고 말하고 있다. 뜨겁거나 차가우면 왜 안 되는 것일까. 뜨거움으로 활활 타오르며 아파했던 어떤 시절이 있었던 걸까. 또 차갑게 돌아섰던 냉담한 계절이 있었던 걸까. 뜨겁거나 차가운 급커브 같은 인생길에서 시적 화자는 어떤 왜곡된 표정을 보았을 것이다. 직설적인 안색 같은 그 뜨겁거나 차가운 시절 앞에서 시적 화자는 많이 힘들었을 것이다. 내일의 감정을 예측할 수 없었을 것이다. 그래서

뜨겁거나 차갑지 않고 어떤 애틋함으로 다가오게 해달라고 기도하고 있다. 서로의 시간과 마음 영역을 인정해 주는 그런 애틋함을 갖게 해달라고 기도하고 있다. 또 알맞게 쓸쓸하게 해달라고 기도하고 있다. 스스로의 쓸쓸함을 추스릴 수 있을 만큼만 다가오게 해달라고. 폭설과 폭우처럼 쏟아지는 무지막지한 쓸쓸함이 아니라 예측 가능한 쓸쓸함을 달라고 한다. 고단했던 삶의 뒤안길을 걸으며 깊은 쓸쓸함을 느꼈을 시적 화자의 외로움이 느껴진다. 바닥의 깊이를 알 수 없는 그 외로움의 나락으로 떨어질 때 얼마나 힘들고 쓸쓸했을까. 우는 날이 많아질수록 삶의 무게는 더 무거워지고 질척거렸을 것이다. 혼자서 일어설 수 없는 그 쓸쓸함의 바닥에서 몸부림쳤을 것이다. 그 아픔을 알기에 고독을 살피는 건강한 시력을 달라고 기도하고 있다. 읽으면서 감탄이 절로 나온다. 애틋함을 누리게 하되, 뜨겁지도 차갑지도 않는 걸로 누리게 해달라. 쓸쓸한 삶일지라도, 그게 알맞게 쓸쓸하게 해달라. 고독에 젖어 살지라도, 그 고독을 살피는 건강한 시력을 달라. 평소에 미처 우리가 다가가지 못한 감성을 맛보게 해주는 시, 감탄과 함께 고마움을 느끼게 해주는 시, 놀랍기만 하다.

긴 긴 세월

행여 오시려나
불 밝혀 기다립니다
당신의 더딘 발걸음
편히 오시라고
목을 늘어뜨린 그리움으로
먼 발치에 호롱불 달아
드립니다.

–「상사화」 전문

시적 화자는 상사화를 의인화하고 있다. 어두컴컴한 골목을 걸어오는 이는 아무도 없지만 불 밝혀 누군가를 기다리고 있다. 대문을 여는 바람소리도 나지 않는데, 날마다 불을 밝히는 그 마음이 안타깝다. 행여 오시려나, 간절한 기다림이 한 달을 넘고 일 년을 넘어 긴 긴 세월로 막막하게 걸어가는데 지친 안색도 없이 오늘도 기다린다. 혹시 당신의 더딘 발걸음이 불편할까 봐 그 발걸음 편히 오시라고 "목을 늘어뜨린 그리움으로/ 먼 발치에 호롱불 달아" 드린다. 기다림이 징글징글해 그만둘 법도 한데 깊은 가슴속에 숨어든 당신을 향한 사랑은 꽃대처럼 아직도 싱싱한 초록이다. 그 초록의 꿈이 있는 한 시적 화자는 불을 밝힐 것이다. 늦은 대답이어도 좋으니 꼬깃꼬깃 접힌 시간을 펼쳐 몽유의 계절을 돌고 돌아 기다림이 있는 곳으로 오기를 바라고 있다. 시적 화자는 참으로 긴 긴 세월을 기다린다. 행여 오시려나 불까지 밝힌 채. 그 더딘 발걸음 편히 오라고, 목 늘어뜨린 그리움으로 먼 발치에 호롱불 달아 둔 채, 기다리고 또 기다린다. 정갈한 정서 속에 맑은 기운이 느껴진다. 시의 특질이 정서의 순화라는 점에서, 이 시의 가치가 귀하게 여겨진다. 독자들도 목 늘어뜨린 그리움을 체험할 수 있을 것 같다.

눈빛은 다정하고
마음은 온유하게
아름다운 씨앗 뿌리자

상한 영혼에
피어난
이쁜 꽃 가꾸자

오늘 하루도
가장 고운
향기 뿜어내자.
-「가슴밭」 전문

시적 화자는 가슴밭을 가꾸어 싶어 한다. 텃밭의 작물도 봄볕 환한 주인의 발걸음을 먹고 자란다고 한다. 작물에는 어떤 심안이 있기에, 정성 어린 주인의 발걸음을 알아본 것일까. 텃밭의 작물도 그러한데 우리 마음의 가슴밭은 오죽할까. 작물의 비린 목젖에 달달한 물을 떠먹이는 주인의 그 정성을 텃밭은 알 것이다. 그러기에 시적 화자는 "눈빛은 다정하고/ 마음은 온유하게" 가슴밭에 씨앗을 뿌리자고 말하고 있다. 타인과의 만남이라는, 그 씨앗에 대한 존중과 사랑이 느껴진다. 만남을 통해 시간을 때우는 억지스러움이 아닌 진지함이 느껴진다. 빈 껍데기 같은 수다르 몸집을 부풀리는 가슴밭이 아닌 실한 열매가 열리고 초록이 숨을 쉬는 그런 가슴밭을 가꾸고 싶어 한다. 빈 말을 과식해서 체하는 하루가 아닌 상한 영혼도 치유되고 꽃 필 수 있는 그런 만남을 갖고 싶어 한다. 눈빛은 다정하게 마음은 온유하게 아름다운 씨앗을 가슴밭에 뿌리고 싶어 한다. 또한 상한 영혼에 이쁜 꽃이 피어나게 하여 가꾸고 싶어 한다. 그리고, 오늘 하루도 가장 고운 향기 뿜어내게 하고 싶어 한다. 그럴 수만 있다면, 얼마나 좋을까. 점점 삭막해져 가는 현대사회에 이 아름다운 가슴밭이 메신저 역할을 할 수 있으면 좋겠다.

그 옛날
우리가 속삭이던 밀어

아직도 그렇게
여운이 남아 있습니까

그 시절
우리가 입었던 푸른 날개

아직도 여전히
메아리 치고 있습니까

그때
우리가 함께 부르던 세레나데

아직도 애틋이
빛나고 있습니까.
-「추억」 전문

시적 화자는 추억에 대해 생각하고 있다. 한때 우리가 머물렀던 달콤한 속삭임들은 다 어디로 갔을까. 늦가을 어스름 속으로 흩어졌을까. 낙엽 따라 멀리 멀리 날아갔을까. 돌아보면 아직도 그 자리에 그대로 있을 듯한데. 봄의 시작처럼 우리의 밤을 들썩이게 했던 밀어는 어디에서 꽃을 피우고 있을까. 여운처럼 아직도 꽃의 향기가 남아 있을까. 만개한 통증처럼 아프면서 사랑했던 그 시절은 여전히 사랑의 꽃대를 밀어 올리고 있을까. 모든 게 궁금하다. 함박눈처럼 펑펑 쏟아지듯 다가갔던 그리움들은 다 어디에 있을까. 환장하게 짙어갔던 여름의 푸르름처럼 우리가 불렀던 세레나데는 어디에 있는 것일까. 추억은 어떤 존재일까. 그 옛날 우리가 속삭이던 밀어일까. 아직도 우리 가슴속에 남아 있는 여운일까. 지난 시절 우리가 입었던 푸른 날개일까. 아직도 여전히 메아리치고 있는 날개일까. 한때 우리가 함께 부르던 세레나데, 그게 아직도 애틋이 빛나고 있는 걸까. 여기서도 미묘한 정서의 세계를 그려내는 데 성공하고 있다. 시는 이처럼 평소에 우리가 붙잡을 수 없었던 감성의 세계를 잠시 머물게 하여 보여주는 장르가 시는 아닐까.

툭 통꽃으로 지는
그 의미를 아시나요

오열하며 선혈 떨구는
그 호곡의 사연을 아시나요

끝내 울어 버린
그 가슴의 소리를 아시나요.
-「동백」 전문

시적 화자는 동백꽃의 세계를 탐구하고 있다. 동백꽃은 벌과 나비가 봄을 짓는 계절을 기웃거리지 않는다. 스스로 붉어지며 자신만의 계절을 완성한다. 자신만의 방향이 뚜렷하고 의지가 분명한 동백이 어느 날 툭, 통꽃으로

진다. 자신의 목을 바쳐 스스로의 제단을 쌓는다. 찬바람의 손에 피를 묻히지 않고 스스로 자결을 한다. 두 눈 시퍼렇게 뜨고 어떤 결심을 했기에 스스로 목숨을 던지는 걸까. 애써 붉디붉게 피어나더니 왜 붉디붉은 슬픔을 스스로 놓아버린 것일까. 시적 화자는 "오열하며 선혈 떨구는/그 호곡의 사연을 아시나요"라고 독자에게 묻고 있다. 시적 화자는 그 사연에 대해 아는지 모르는지 함구하고 있다. 그러기에 상상의 폭이 넓다. 툭 통꽃으로 지는 그 의미는 뭘까. 오열하며 선혈 떨구는 저 호곡의 사연은 뭘까. 끝내 울어 버린 그 가슴의 소리는 뭘까. 동백꽃 하나에도 이처럼 다양한 사연이 깃들어 있으니, 놀랍지 아니한가. 낙화의 의미, 호곡의 사연, 가슴의 소리까지 읽어내는 시인이 있어, 독자의 귀와 눈과 가슴은 뜨거운 상상으로 가득 차게 된다.

쉼터 풀숲에 앉아
네잎클로버 행운 찾다가

아기 손톱만 한 풀꽃과
마주쳐 눈길 튼다

앉아야 보이고
밟히면서 피어나는

안쓰런 꽃

바람이 건들면
그때서야
수줍게 얼굴 내미는 꽃

하늘빛 닮아
저리 청아한 꽃.
-「토끼풀꽃」 전문

시적 화자는 토끼풀꽃이 새롭게 다가온다. 네잎클로버는 행운을 의미한다. 행운을 찾다가 시적 화자는 행운을 접고 평범한 아름다움인 토끼풀꽃과 맞닥뜨린다. 행운은 평범과는 거리가 먼 기형의 모습을 지니고 있다. 일반적으로 세 잎이 기본 구성인데 네 잎으로 된 클로버는 기형인 것이다. 그 기형의 잎들은 태어나면서부터 남과 다르기에 불행했을 것이다. 특이한 불행이 행운이라면 그 행운을 접는 것이 바람직하지 않을까. 시적 화자도 그런 고민을 했던 것인지 행운을 접고 토끼풀꽃에 마음을 둔다. 일상에서 만나는 아름다움을 보기 시작한 것이다. 어느 날 쉼터 풀숲에 앉아 네잎클로버 행운을 찾다가 아기 손톱만 한 풀꽃과 눈길을 마주친다. 앉아야 보이고 밟히면서 피어나는 안쓰런 꽃임을 알고 눈시울을 적신다. 밟히면서 피어나는 안쓰런 꽃은 행운과는 거리가 멀다. 평범한 우리네 삶의 이야기처럼 다가온다. "네잎클로버 행운", "밟히면서 피어나는/ 안쓰런 꽃"이 대조를 이루어 시의 깊이를 더해주고 있다. 바람이 건들면 그때서야 수줍게 얼굴 내미는 꽃이 새롭게 다가온다. 그 순간 가슴에 깨달음 하나 다가와 안긴다. 하늘빛 닮아 저리 청아한 꽃이 되었구나. 일상을 힘들게 꾸려 가면서도 끝끝내 일어나 꽃을 피우는 우리 이웃들의 이야기 같기도 해 뭉클하다. 이 시에서 발견된 감성, 이게 바로 현대인에게 필요한 감성, 아주 소중한 필수 감성이 아닐까.

나에게 색이 있다면 무슨 색일까
철저히 뜨거운 빨강도 아니고
타오르는 주황은 더욱 아니야

무언가 흡수하는 검정도 아니고
남에게 안정을 주는 초록도 아니야

모든 걸 되쏘아 반항하는 흰빛
그것도 아닌 것 같아

냉정하게 나를 비판할 때
무지개가 번뜩이며 지나간다
그래, 나의 색은 일곱 가지 다야.

–「마음이 느끼는 색」 전문

시적 화자는 마음이 느끼는 색을 관찰하고 있다. 마음의 형태를 색깔에 견주어 말하고 있다. 빨강은 철저히 뜨거운 색이다. 맹목의 옷을 입고 달리는 불덩이처럼 뜨겁다. 사랑할 때, 꿈을 향해 달릴 때, 무언가를 위해 전력 질주할 때 우리의 마음색은 빨갛다. 초록은 안정감을 주는 색이다. 마음이 요동치지 않는 상태, 안과 밖이 평온한 상태가 초록이다. 불편한 일상의 발자국들이 포개져도 초록으로 덧칠하면 저녁의 시간은 평온해진다. 시적 화자에게 마음색이 있다면, 어떤 색일까. 철저히 뜨거운 빨강? 타오르는 주황? 무언가 흡수하는 검정? 남에게 안정을 주는 초록? 모든 걸 되쏘아 반항하는 하양? 시적 화자는 그런 색은 아니라고 한다. 그럼 어떤 색일까. 시적 화자의 마음색은 일곱 가지 색 전부 다라고 한다. 다채로운 감성의 색처럼, 모든 색을 갖추고 있는 인간의 감성, 그 감성, 그 색에 맞는 인격적 대화를 나눌 수 있다면 얼마나 좋을까.

4월 언덕에서 보면
모든 게 다 아름다워요

하늘 노래하는 저 새들
흩어졌다 모이는 흰구름

피고 지는 꽃들도

한 편의 서사시 되어요

바람 한 자락 끌어와 소곤소곤
쉿, 그건 비밀이에요.
-「봄 예찬」 전문

시적 화자는 봄을 예찬하고 있다. 4월은 봄햇살보다 더 적극적으로 봄날의 발화점인 연둣빛을 확산시킨다. 4월을 향한 연둣빛과 봄꽃의 대답은 맹목에 가까워, 길목마다 능선마다 봄의 향기를 피어나게 한다. 꽃향기가 포개지고 꽃빛이 포개질수록 봄은 화사해진다. 그래서일까, 새들도 연둣빛 문장을 나뭇가지마다 내걸며 지지배배 지지배배 노래한다. 봄날의 흰구름도 10대처럼 마음이 들떠 여기저기 몰려다니며 뭉게뭉게 피어난다. 시적 화자는 "피고 지는 꽃들도/ 한 편의 서사시"가 된다고 말하고 있다. 멋진 표현이다. 꽃잎과 꽃대로 행과 연을 지으며 꽃을 피우는 서사시라니, 멋지다. 4월 언덕의 아름다움, 하늘 노래하는 새, 흩어졌다 다시 모이는 흰구름, 한 편의 서사시가 되어 주는 저 피고 지는 꽃들, 바람 한 자락 끌어와 소곤소곤, 봄이 얼마나 멋지고 아름다운지, 그건 쉿, 비밀! 이렇게 마무리하는 시적 화자의 센스가 참 귀엽다. 순수가 뭔지, 아름다운 정서가 뭔지 일깨워 주고 있어, 더욱 멋지다.

깊은 꿈속
숨겨둔 고운 사랑
달빛에 띄우렵니다

한시름 숨결은
북풍 파도 넘어
그대 창 흔듭니다

보고파 잠 못 이루다
수줍은 미소 감추며
아늑한 그대 품에
부서져 내립니다.

-「적막한 밤마다」 전문

시적 화자는 적막한 밤마다 하고픈 것들이 있다. 적막이 내릴 때까지 쓸쓸함은 똬리를 틀고 먼저 자리잡는다. 쓸쓸함은 불빛을 집어삼키고 외로움을 집어삼키며 멍하니 앉아 있다. 그런 날은 잠도 멀리 달아나기에, 삶의 뒤안길에 숨겨 놓은 사랑이 불현듯 떠올랐을 것이다. 무럭무럭 제 키를 높인 적막 앞에서 그 숨겨둔 사랑을 꺼내 놓는다. 시적 화자는 그 사랑을 달빛에 띄우고 있다. 달빛에 띄우며 은빛으로 반짝였던 그 시절을 추억한다. 어떤 이유로든 사랑은 떠나고 홀로 남아 달빛을 마주해야 하는 시적 화자. 그 허전함이 느껴져 아프다. "북풍 파도 넘어/ 그대 창 흔"들 때까지 많은 밤을 견뎌냈을 것이다. 님의 먼 발자국 소리도 들리지 않아 쓸쓸했을 것이다. 하지만 그럴수록 깊은 꿈속에 숨겨둔 고운 사랑을 달빛에 띄우고 싶어 한다. 한시름 숨결은 북풍 파도 넘어와 그대의 창을 흔들고 있을 때, 시적 화자는 그대가 보고파 잠 못 이루고 있다. 어느 한 순간, 수줍은 미소 감추며 아늑한 그대 품에 부서져 내리고 싶어 한다. 아니, 부서져 내린다. 님을 사랑하는 시적 화자의 절절함이 느껴진다. 사랑의 순수함과 뜨거움도 함께 읽혀진다. 비교적 짧은 시 속에 강렬한 호소력을 담아내는 솜씨가 멋스럽다.

결코 지울 수 없는
잔물결 같은 회한

불빛 없는 그림자의
간헐적인 모습으로
마비당한 가슴

오가는 사치스런 언어가
귓전에서 방황하는데

짤막한 여정이라고
해묵은 체념이
타협한다.

-「냉소 머금으며」 전문

시적 화자는 냉소 머금을 수밖에 없는 감성을 열거하고 있다. 시적 화자에게는 어떤 아픔이 있었길래 냉소를 머금고 체념할 수밖에 없는 것일까. 어제에서 오늘까지 이어지는 삶의 구간 구간마다 슬픔이 넘쳐 감당하기 힘들었던 걸까. 난해한 표정의 시간 앞에서 삶은 왜곡될 수밖에 없었던 것이다. 삶은 늘 에둘러 말하지 않고 직설적이고도 냉담한 말투로 하고픈 말을 전하기에, 그 삶 앞에서 많은 좌절을 맛보았을 것이다. 내일이라는 삶의 날씨를 예측할 수 없기에 우리는 늘 불안하다. 더더구나 어제의 삶의 날씨가 폭우 쏟아지는 아픔이었다면 더 불안하다. 그래서 시적 화자는 체념할 수밖에 없었던 것일까. 결코 지울 수 없는 잔물결 같은 회한이 가슴속에 있을 때, 불빛 없는 그림자의 간헐적인 모습으로 가슴이 마비당했을 때, 오가는 사치스런 언어가 귓전에서 방황할 때, 짤막한 여정이라고 해묵은 체념이 타협할 때, 감성은 차가워지고 냉소를 머금을 수밖에 없다고 강조하고 있다. 우리가 평소 만날 수 없는 감성까지 끌어다 이렇게 손에 쥐어 주고 있다.

뜨거운 말일랑
한마디 없어도

너와 나
서로의 눈에
황홀히 피었다 쓰러진다는 걸
나는 알고 있다

너로 하여 내 길 밝았고
내 태양은 돋았는데
너를 떠난 순간부터
내 그림자는
가을이 있는 곳으로만 흐른다는 걸
나는 알고 있다.

-「나는 알고 있다」 전문

시적 화자는 뭔가를 알고 있다고 고백하고 있다. 그 앎이 이별 후의 깨달음이어서 마음이 아프다. 언제부터인지 서로에게 달콤한 한 권의 책이 되어 주었던 사랑으로, 두 사람은 행복했을 것이다. 만남을 약속하며 기다림으로 소제목을 달고 사랑을 속삭이는 제목으로 완성해 갔을 것이다. 목차처럼 함께하는 미래를 서로 꿈꾸며 내용을 새롭게 하려고 노력했을 것이다. 시적 화자는 그 마음을 "너로 하여 내 길 밝았고/ 내 태양은 돋았"다라고 말하고 있다. 멋진 표현이다. 사랑이라는 책 한 권을 출간하기 위한 설렘과 들뜸이 느껴진다. 하지만 어느 날 갑자기 서로에게 등을 돌리고 "내 그림자는/ 가을이 있는 곳으로만 흐른다". 사랑이라는 한 권의 책이 미완으로 끝나 마음이 아프다. 사랑할 때는 뜨거운 말 한마디 없어도, 너와 나의 눈에 황홀히 피었다 지는 감성을 알고 있다고 한다. 너로 하여 내 길이 밝았고, 태양이 돋았음을, 너를 떠난 순간부터 내 그림자는 가을이 있는 곳으로만 흐른다는 것도 알고 있다. 아프지만 놀라운 발견이 아닐 수 없다. 사랑하는 이가 곁에 있고 없고에 따라, 확연히 달라지는 시적 화자의 마음이 시의 특질과 손잡고 있어, 더욱 감동적이다.

지금까지 살펴본 것처럼, 손영란 시들은 시의 특질에 몰입하여, 시 창작의 오솔길에 서 있다. 시는 주제를 노출하여, 도덕적으로 인간을 교화시키는 장르가 아니다. 시는 감성의 세계를 발굴하는 장르이다. 인간에게 어떤 감성이 존재해 있는가. 어떤 감성에 감동을 받는가. 어떤 섬세한 감성이 있기에, 그토록 민감하게 반응하는가. 감성의 색깔은 어떤 것들이 있는가. 어떤 굴곡 속에 잠겨 있어 꺼낼 수조차 없는가. 어떤 숨소리를 감성은 갖고 있는가. 감성이 어떤 고뇌에 짓눌려 있는가. 감성의 목소리는 어떠한가. 그 숨결은 어떤 영혼으로 울부짖고 있는가. 이런 것들을 발굴하고, 이미지로 구현하고, 자연스레 시적 형상화하는 게 바로 시인의 임무가 아닐까. 그런 역할을 손영란 시인은 첫 시부터 끝 시까지 줄기차게 해내고 있다. 그러면서도, 매번 똑같은 시선과 각도가 아니라, 매번 새로운 시선으로 새로운 각도로 사물을 해석하고 있다. 낯설게 하기를 매 시마다 적용하여, 독자로 하여금 감탄을 이끌어내고 있다. 손영란 시를 읽으면, 마치 장 콕토의 시를 만나 대화를 나누고 있는 착각을 불러 일으킨다. 그만큼 짧으면서도, 상큼하고, 감동적이다. 거기에 인생에 대한 탐구, 감성에 대한 다채로운 해석과 이해가 보태져, 독자들의 흡족한 미소를 짓게 하고 있어, 더욱 매력적이다.

부디, 앞으로도 제2, 제3의 시집을 발간하여, 다채로운 정서, 곱디고운 정서, 미묘한 정서, 낯설지만 친근한 정서 등의 발굴에 앞장서 주길 바란다. 여생 동안 꾸준히 시 창작 생활을 하여, 인생에서 가장 우아하고 아름답게 여생을 꾸려나가길 기도해 본다.

- 무더위 속에서도 반가운 소낙비를 반기며
한실문예창작 지도 교수 박덕은
(문학박사, 전 전남대 교수,
문학평론가, 시인, 동화작가, 사진작가, 화가)

손영란 시집

나는 어디쯤 와 있을까

2023년 10월 5일 인쇄
2023년 10월 10일 발행

지은이 | 손 영 란
펴낸이 | 강 경 호
발행처 | 도서출판 시와사람
등 록 | 1994년 6월 10일 제 05-01-0155호
주 소 | 광주시 동구 양림로119번길 21-1(학동)
전 화 | (062)224-5319
E-mail | jcapoet@hanmail.net

ISBN 978-89-5665-690-8 03810

값 15,000원

공급처 ■ 한국출판협동조합
경기도 파주시 적성면 적성산단3로 10 (적성일반산업단지 내)
주문전화 (02)716-5616, 070-7119-1740